AF188396

Impressum
Verlag: BABADADA GmbH, Nedderfeld 112 , 22529 Hamburg
Geschäftsführer / Verlagsleitung: Harald Hof
Druck: Books on Demand GmbH, In de Tarpen 42, 22848 Norderstedt

Imprint
Publisher: BABADADA GmbH, Nedderfeld 112 , 22529 Hamburg, Germany
Managing Director / Publishing direction: Harald Hof
Print: Books on Demand GmbH, In de Tarpen 42, 22848 Norderstedt, Germany

школа
դպրոց

класна кімната
մատյան
ділити
բաժանել
186/2
дошка
գրատախտա
կ
шкільний двір
խաղադաշտ
вчитель
ուսուցիչ
папір
թուղթ
писати
գրել
ручка
գրիչ
письмовий стіл
գրասեղան
лінійка
քանոն
книга
գիրք
учень
աշակերտ

ранець

պայուսակ

пенал

գրչատուփ

олівець

մատիտ

точило

մատիտի սրիչ

гумка

ռետին

альбом для малювання

նկարչական ալբոմ

малюнок

Նկարչություն

пензель

վրձին

коробка фарб

ներկերի տուփ

ножиці

մկրատ

клей

սոսինձ

зошит

տետր

домашнє завдання

Տնային աշխատանք

число

թիվ

додавати

գումարել

віднімати

հանել

множити

բազմապատկել

рахувати

հաշվել

A

літера

տառ

**ABCDEFG
HIJKLMN
OPQRSTU
VWXYZ**

абетка

այբուբեն

слово

բառ

текст

տեքստ

читати

կարդալ

крейда

կավիճ

година

դաս

класний журнал

մատյան

екзамен

քննություն

диплом

վկայական

шкільна форма

դպրոցական համազգեստ

освіта

կրթություն

лексикон

հանրագիտարան

університет

համալսարան

мікроскоп

մանրադիտակ

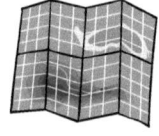

карта

քարտեզ

кошик для паперу

աղբարկղ

подорож
ճանապարհորդություն

готель
հյուրանոց
турбаза
հանրակացարա
ն
обмінний пункт
փոխանակման
կետ
валіза
ճամպրուկ
автомобіль
ավտոմեքենա

мова

լեզու

так / ні

այո / ոչ

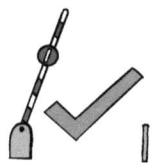

добре

Լավ

привіт

ողջույն

перекладач

թարգմանիչ

дякую

Շնորհակալություն

Скільки коштує ...?

Որքան է ...?

Я не розумію

Ես չեմ հասկանում

проблема

խնդիր

Добрий вечір!

Բարի երեկո

Доброго ранку!

Բարի լույս

На добраніч!

Բարի երեկո

До побачення

ցտեսություն

напрямок

ուղղություն

багаж

ուղղեբեռ

сумка

պայուսակ

рюкзак

մեջքի պայուսակ

гість

հյուր

кімната

սենյակ

спальний мішок

քնապարկ

намет

վրան

туристична інформація

Զբոսաշրջության տեղեկատվական

пляж

լողափ

кредитна картка

ԿՐԵԴԻՏ քարտ

сніданок

նախաճաշ

обід

լանչ

вечеря

ճաշ

квиток

տոմս

ліфт

վերելակ

поштова марка

կնիք

межа

սահման

митниця

մաքսային

посольство

դեսպանություն

віза

մուտքի արտոնագիր

паспорт

անձնագիր

транспорт
Փոխադրամիջոցներ

літак
ինքնաթիռ
корабель
նավ
пожежна машина
հրշեջ մեքենա
автобус
ավտոբուս
вантажний автомобіль
բեռնատար մեքենա
моторний човен
մոտորանավակ
велосипед
հեծանիվ
автомобіль
ավտոմեքենա

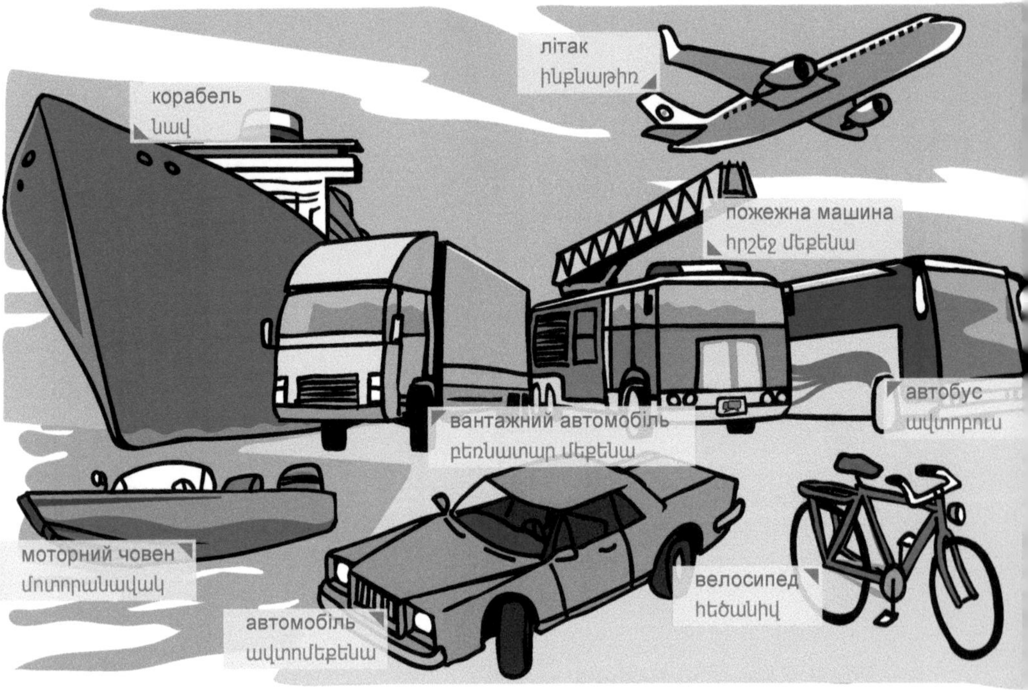

пором

լաստանավ

човен

նավակ

мотоцикл

մոտոցիկլ

поліцейська машина

ոստիկանության մեքենա

гоночний автомобіль

մրցարշավային մեքենա

автомобіль на прокат

վարձակալվող մեքենա

спільне користування авто

մեքենայի վարձակալում

евакуатор

էվակուատոր

сміттєвоз

աղբահանության մեքենա

двигун

շարժիչ

паливо

վառելիք

автозаправна станція

բենզալցակայան

дорожній знак

երթևեկության նշան

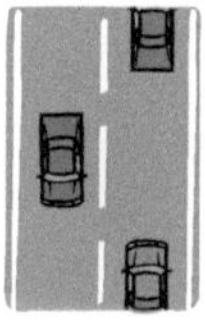

рух

երթևեկություն

затор

խցանում

стоянка

ավտոկանգառ

вокзал

երկաթուղային կայարան

рейки

երկաթուղագիծ

потяг

գնացք

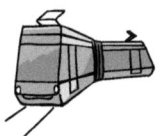

трамвай

տրամվայ

вагон

վագոն

гелікоптер

ուղղաթիռ

аеропорт

օդանավակայան

вежа

աշտարակ

пасажир

ուղևոր

контейнер

աման

коробка

խավաքարտ

візок

սայլ

кошик

զամբյուղ

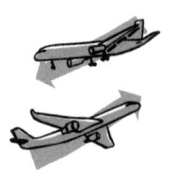

стартувати / приземлятися

հանեք / հողատարածք

місто

քաղաք

село

գյուղ

центр міста

քաղաքի կենտրոնում

дім

տուն

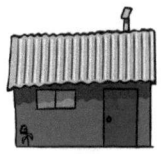

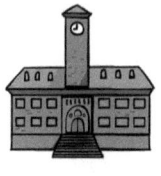

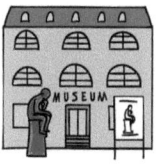

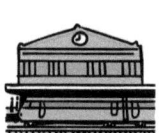

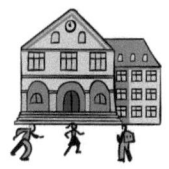

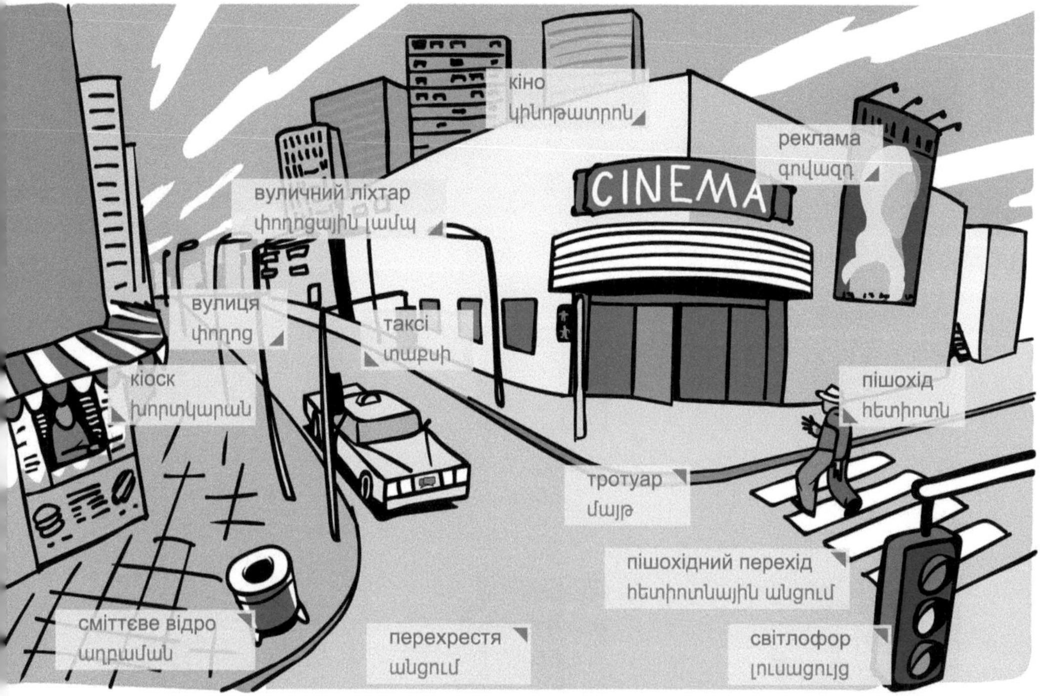
кіно
կինոթատրոն
CINEMA
реклама
գովազդ
вуличний ліхтар
փողոցային լամպ
вулиця
փողոց
таксі
տաքսի
кіоск
խորտկարան
пішохід
հետիոտն
тротуар
մայթ
пішохідний перехід
հետիոտնային անցում
сміттєве відро
աղբաման
перехрестя
անցում
світлофор
լուսացույց

хатина

խրճիթ

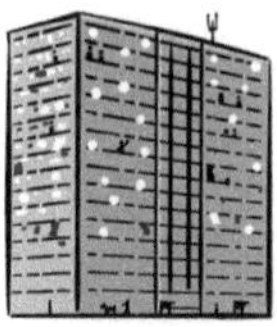

квартира

բնակարան

вокзал

երկաթուղային կայարան

ратуша

քաղաքապետարան

MUSEUM

музей

թանգարան

школа

դպրոց

університет

համալսարան

банк

բանկ

лікарня

հիվանդանոց

готель

հյուրանոց

аптека

դեղատուն

офіс

գրասենյակ

книжковий магазин

գրքույկ խանութ

магазин

խանութ

квітковий магазин

ծաղկի խանութ

супермаркет

սուպերմարկետ

ринок

շուկա

універмаг

հանրախանութ

торговець рибою

ձկան խանութ

торговельний центр

առևտրի կենտրոն

гавань

նավահանգիստ

парк

զբոսայգի

лава

բանկերը

міст

կամուրջ

сходи

աստիճաններ

метро

մետրո

тунель

թունել

автобусна зупинка

ավտոբուսի կանգառ

бар

բար

ресторан

ռեստորան

поштова скринька

փոստարկղ

вулична табличка

փողոցային նշան

лічильник паркування

ավտոկայանման հաշվիչ

зоопарк

կենդանաբանական այգի

басейн

լողավազան

мечеть

մզկիթ

ферма
Ֆերմա

забруднення навколишнього середовища
աղտոտման

кладовище
գերեզմանոց

церква
եկեղեցի

дитячий майданчик
խաղահրապարակ

храм
տաճար

ландшафт
բնապատկեր

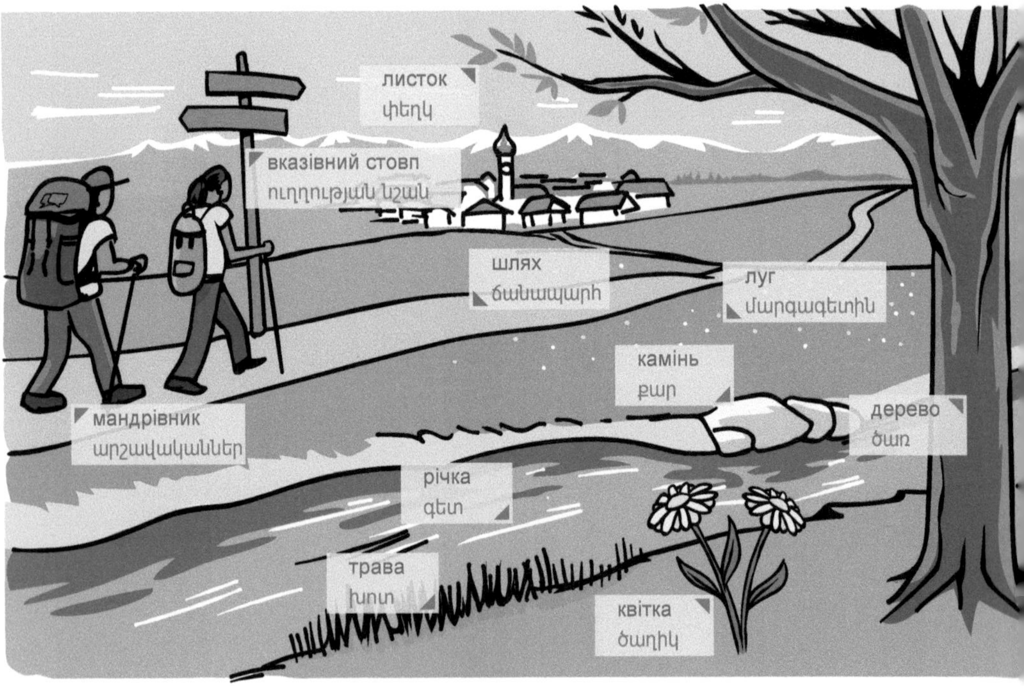

листок
փետղ

вказівний стовп
ուղղության նշան

шлях
ճանապարհ

луг
մարգագետին

камінь
քար

дерево
ծառ

мандрівник
արշավականներ

річка
գետ

трава
խոտ

квітка
ծաղիկ

долина

հովիտ

гора

բլուր

озеро

լիճ

ліс

անտառ

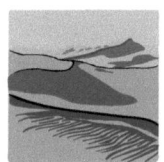

пустеля

անապատ

вулкан

հրաբուխ

замок

ամրոց

веселка

ծիածան

гриб

սունկ

пальма

արմավենու ծառ

комар

մժեղ

муха

թռչել

мурашка

մրջյուն

бджола

մեղու

павук

սարդ

жук

բզեզ

жаба

գորտ

вивірка

սկյուռ

їжак

ոզնի

заєць

նապաստակ

сова

բու

птах

թռչուն

лебідь

կարապ

кабан

վարազ

олень

եղջերու

лось

իշայծյամ

гребля

պատնեշ

вітряк

քամին տուրբինների

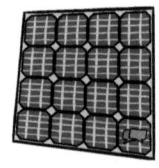

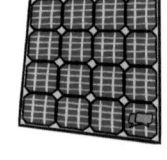

сонячний модуль

արևային վահանակ

клімат

կլիմա

ресторан

ռեստորան

офіціант
մատուցող
меню
մենյու
стілець
աթոռ
суп
ապուր
піца
պիցցա
скатертина
սփռոց
столові прилади
սպասք

закуска

ստարտեր

друга страва

հիմնական կերակուր

десерт

դեսերտ

напої

օրական

їжа

սնունդ

пляшка

շիշ

фаст-фуд

արագ սնունդ

вулична їжа

streetfood

чайник

թեյնիկ

цукорниця

շաքարաման

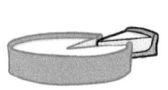

порція

բաժին

еспресо-машина

էսպրեսսո մեքենա

високий стільчик

մանկական աթոռ

рахунок

օրինագիծ

піднос

սկուտեղ

ніж

դանակ

вилка

պատառաքաղ

ложка

գդալ

чайна ложка

թեյի գդալ

серветка

անձեռոցիկ

склянка

ապակի

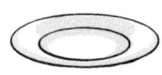

тарілка

ափսե

тарілка для супу

խոր ափսե

блюдце

պնակ

соус

սոուս

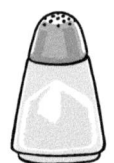

солонка

աղաման

млин для перцю

պղպեղի աղաց

оцет

քացախ

масло

ձեթ

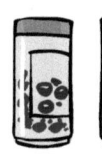

специї

համեմունքներ

кетчуп

կետչուպ

гірчиця

մանանեխ

майонез

մայոնեզ

супермаркет

սուպերմարկետ

пропозиція
հատուկ առաջարկ
FOR
клієнт
հաճախորդ
молочні продукти
Dairy
фрукти
միրգ
візок для покупок
գնումների սայլակ

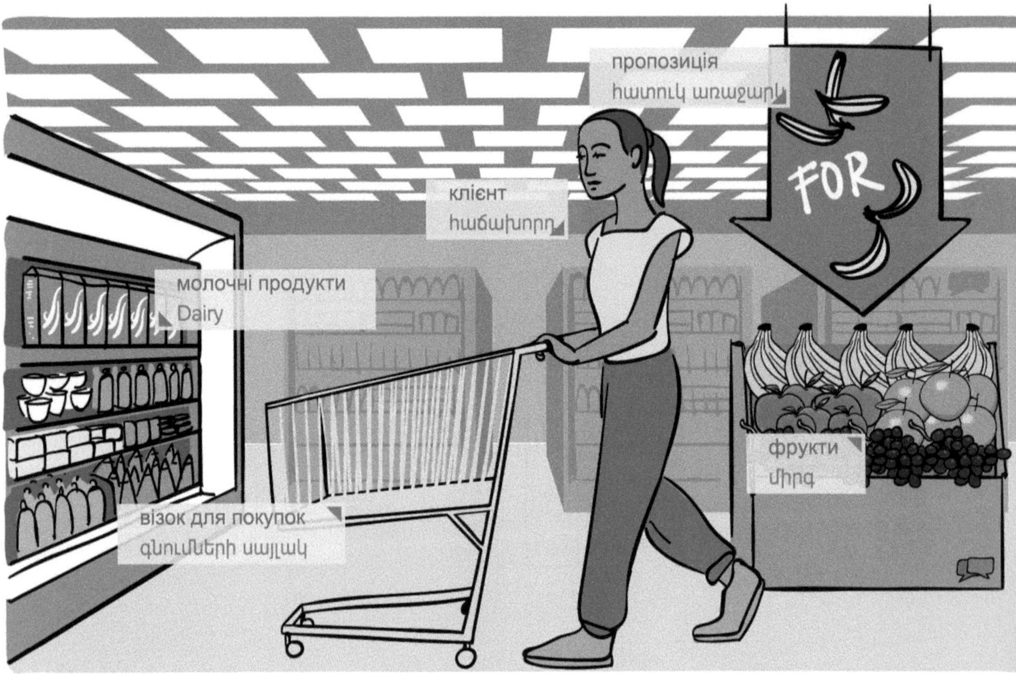

м'ясний магазин

մսամթերքի խանութ

пекарня

հացամթերքի խանութ

зважувати

կշռել

овочі

բանջարեղեն

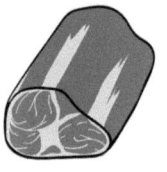

м'ясо

միս

заморожені продукти

սառեցված սննդամթերքի

ковбасна нарізка

երշիկեղեն

консерви

պահածոների

пральний порошок

լվացքի փոշի

солодощи

քաղցրավենիք

предмети домашнього побуту

տնտեսական ապրանքներ

мийний засіб

մաքրող միջոցներ

продавщиця

վաճառող

каса

դրամարկղ

касир

գանձապահ

список покупок

գնումների ցուցակ

часи роботи

ժամերը

гаманець

դրամապանակ

кредитна картка

ԿՐԵԴԻՏ քարտ

сумка

պայուսակ

поліетиленовий пакет

պլաստիկ տոպրակ

вода

ջուր

сік

հյութ

молоко

կաթ

кола

կոլա

вино

գինի

пиво

գարեջուր

алкоголь

սպիրտ

какао

կակաո

чай

թեյ

кава

սուրճ

еспресо

էսպրեսո

капучіно

կապուչինո

банан

բանան

яблуко

խնձոր

апельсин

նարնջի

кавун

սեխ

лимон

կիտրոն

морква

գազար

часник

սխտոր

бамбук

բամբուկ

цибуля

սոխ

гриб

սունկ

горішки

ընկուզեղեն

локшина

արիշտա

спагеті

սպագետտի

рис

բրինձ

салат

աղցան

картопля фрі

չիպս

смажена картопля

տապակած կարտոֆիլ

піца

պիցցա

гамбургер

համբուրգեր

бутерброд

սենդվիչ

шніцель

կոտլետ

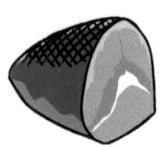

шинка

խոզապուխտ

салямі

սալյամի

ковбаса

երշիկ

курка

հավ

печеня

խորոված

риба

ձուկ

вівсяні пластівці

վարսակի փաթիլներ

мюслі

մյուսլի

кукурудзяні пластівці

եգիպտացորենի փաթիլներ

борошно

ալյուր

круасан

կրուասան

булочка

բուլկի

хліб

հաց

тостовий хліб

տոստ

печиво

թխվածքաբլիթներ

масло

կարագ

сир

կաթնաշոռ

пиріг

տորթ

яйце

ձու

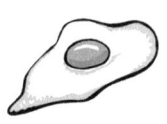

яєчня

տապակած ձու

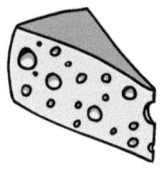

сир

պանիր

морозиво

պաղպաղակ

цукор

շաքար

мед

մեղր

мармелад

ջեմ

нуга-крем

նուգա սերուցք

карі

կարրի

ферма
ֆերմա

сільський будинок
ֆերմային տնակ
солом'яні тюки
ծղոտի դեզ
комора
գոմ
поле
դաշտ
кінь
ձի
причіп
կցասայլ
трактор
տրակտոր
лоша
քուռակ
віслюк
ավանակ
вівця
ոչխար
ягня
գառ

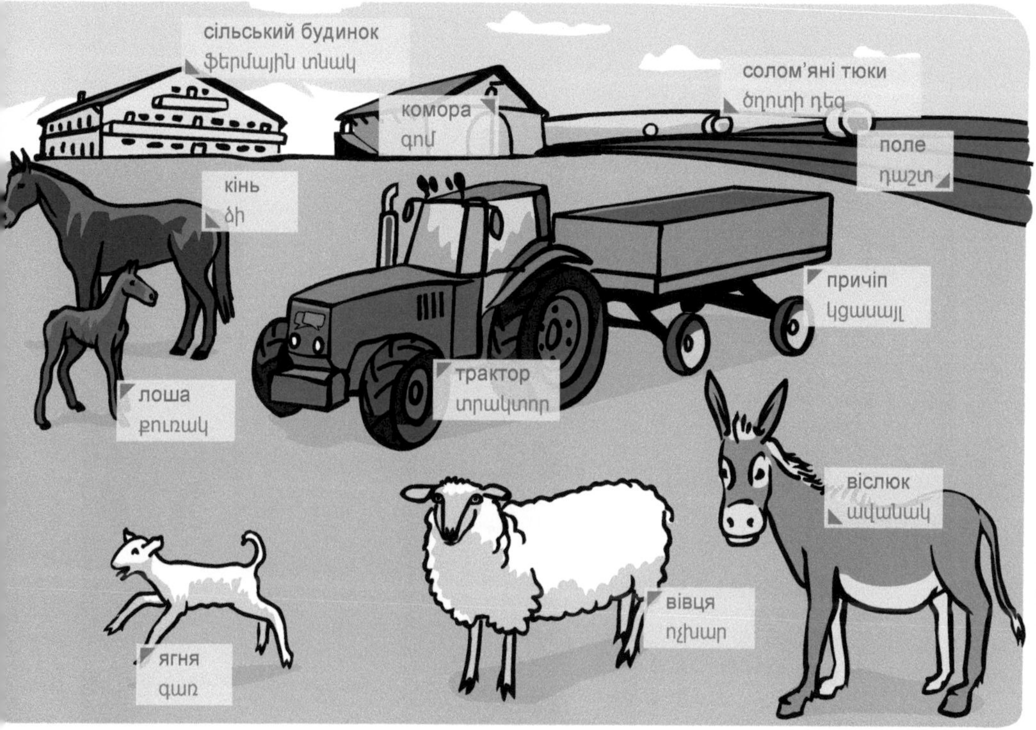

коза

այծ

корова

կով

теля

հորթ

свиня

խոզ

порося

խոճկոր

бик

ցուլ

гусак

սագ

качка

բադ

курча

ճուտ

курка

հավ

півень

աքլոր

щур

առնետ

кіт

կատու

миша

մուկ

віл

ցուլ

собака

շուն

собача будка

շան բուն

садовий шланг

այգու փողրակ

лійка

watering կարող է

коса

գերանդի

плуг

գութան

серп

մանգաղ

мотика

թոխր

вила

եղան

сокира

կացին

тачка

միանիվ ձեռնասայլակ

корито

կերակրատաշտ

бідон молока

կաթի բիդոն

мішок

պարկ

паркан

ցանկապատ

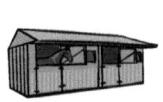

хлів

կայուն

теплиця

ջերմոց

ґрунт

հող

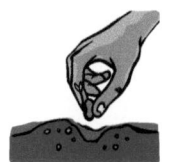

насіння

սերմ

добриво

պարարտանյութ

комбайн

բերքահավաք կոմբայն

пожинати

բերք

урожай

բերք

корінь ямсу

յամս

пшениця

ցորեն

соя

սոյա

картопля

կարտոֆիլ

кукурудза

եգիպտացորեն

ріпак

rapeseed

плодове дерево

մրգային ծառ

маніок

manioc

злаки

շիլաներ

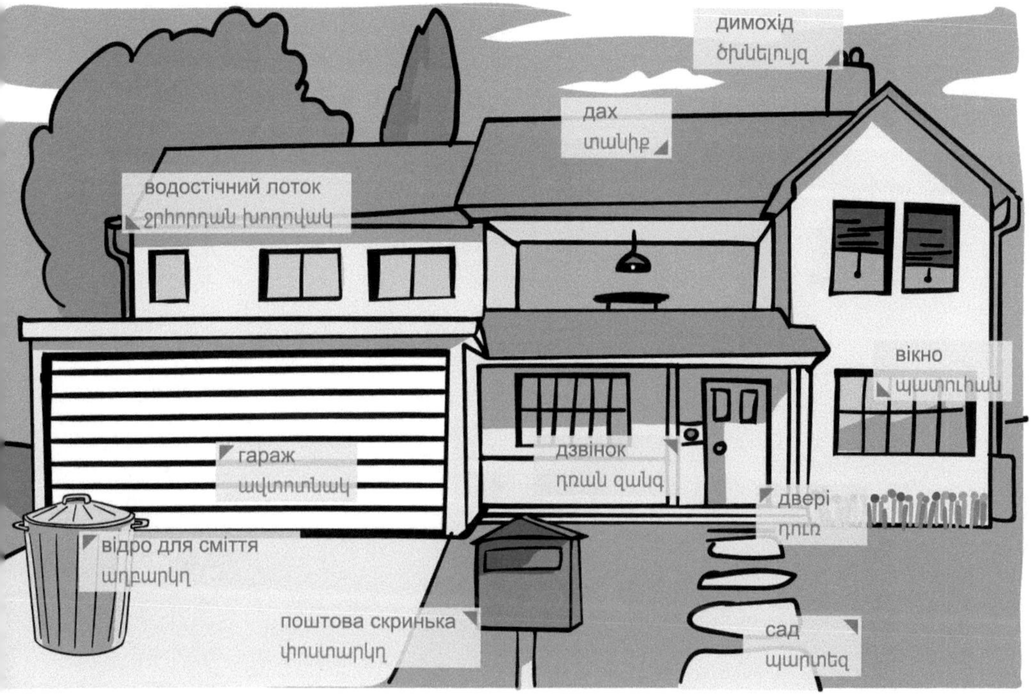

димохід
ծխնելույզ
дах
տանիք
водостічний лоток
ջրհորդան խողովակ
вікно
պատուհան
гараж
ավտոտնակ
дзвінок
դռան զանգ
двері
դուռ
відро для сміття
աղբարկղ
поштова скринька
փոստարկղ
сад
պարտեզ

вітальня

հյուրասենյակ

ванна кімната

լողասենյակ

кухня

խոհանոց

спальня

ննջարան

дитяча кімната

մանկական սենյակ

їдальня

ճաշասենյակ

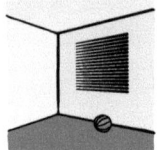

підлога

հարկ

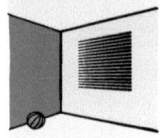

стіна

պատ

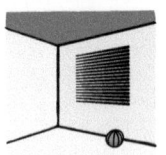

стеля

առաստաղ

підвал

նկուղ

сауна

շոգեբաղնիք

балкон

պատշգամբ

тераса

պատշգամբ

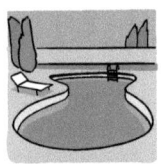

басейн

ավազան

косарка

խոտհնձիչ

простирало

թերթ

ковдра

անկողնու ծածկոց

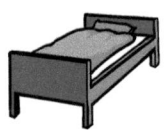

ліжко

մահճակալ

мітла

ավել

відро

դույլ

перемикач

անջատիչ

вітальня
հյուրասենյակ

шпалери
պաստառ
малюнок
նկար
лампа
լամպ
поличка
դարակ
шафа
բուֆետ
телевізор
հեռուստացույց
камін
բուխարի
квітка
ծաղիկ
подушка
բարձ
диван
բազմոց
ваза
սկահակ
пульт
հեռակառավարման
վահանակ

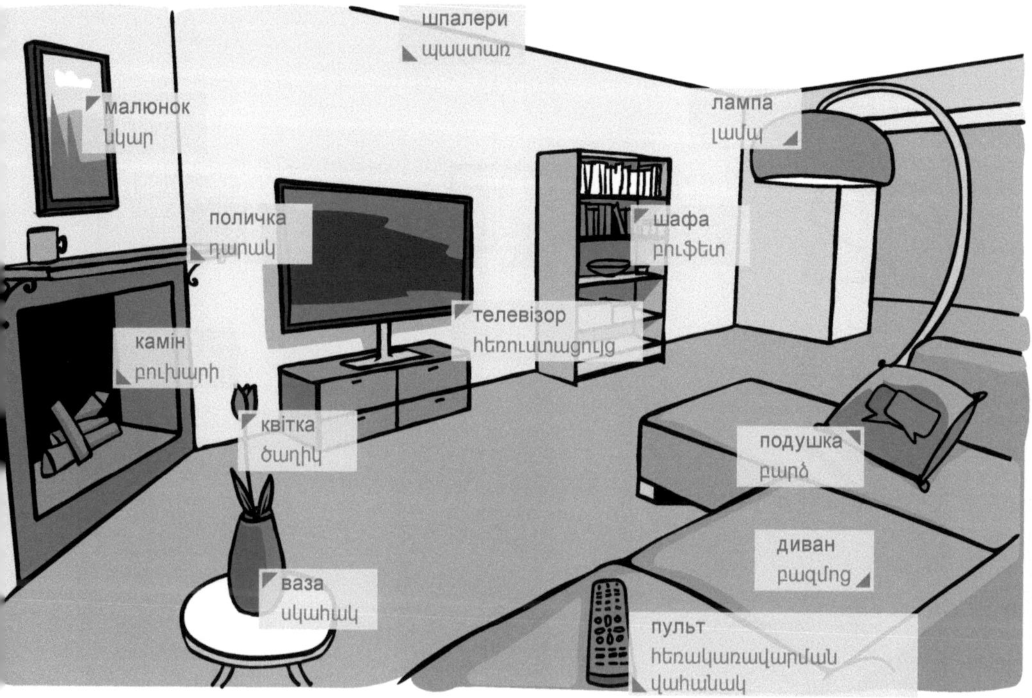

килим

գորգ

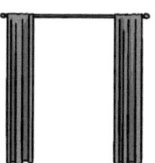

завіса

վարագույր

стіл

սեղան

стілець

աթոռ

крісло-гойдалка

ճոճվող բազկաթոռ

крісло

բազկաթոռ

книга

գիրք

ковдра

վերմակ

прикраса

զարդարանք

дрова

վառելափայտ

фільм

ֆիլմ

стереосистема

hi-fi

ключ

բանալի

газета

թերթ

картина

նկար

плакат

պլակատ

радіо

ռադիո

блокнот

տետր

пилосос

փոշեկուլ

кактус

կակտուս

свічка

մոմ

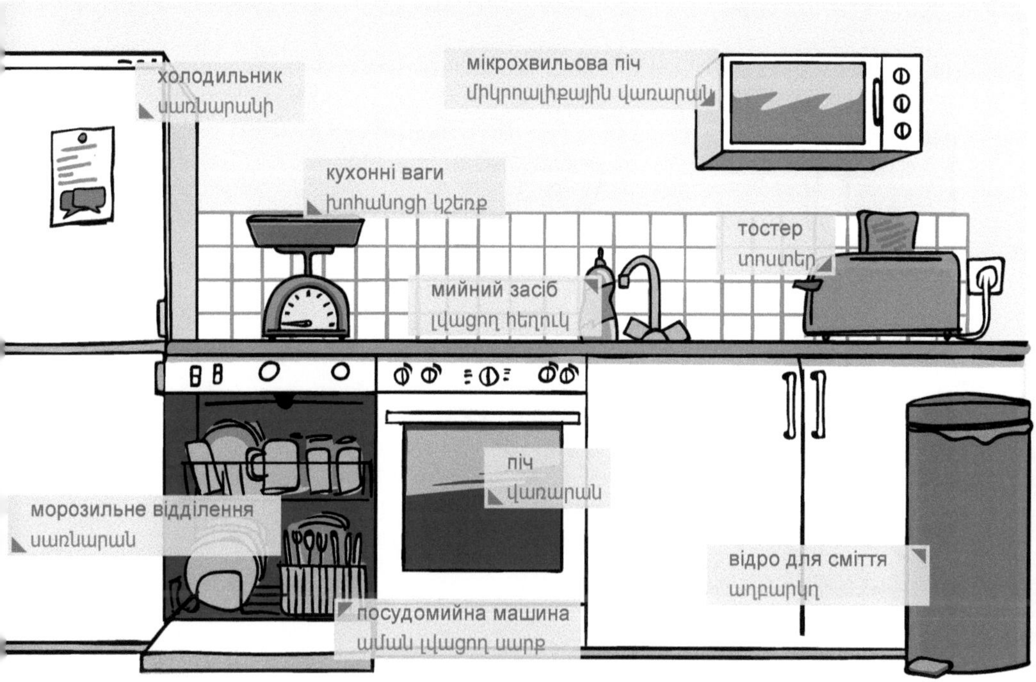

холодильник
սառնարանի
мікрохвильова піч
միկրոալիքային վառարան
кухонні ваги
խոհանոցի կշեռք
тостер
տոստեր
мийний засіб
լվացող հեղուկ
піч
վառարան
морозильне відділення
սառնարան
відро для сміття
աղբարկղ
посудомийна машина
աման լվացող սարք

плита

կաթսա

горщик

կճուճ

чавунний горщик

թուջե աման

вок / кадай

wok / kadai

сковорода

թավա

чайник

թեյնիկ

кухня - խոհանոց 35

пароварка

շոգենավ

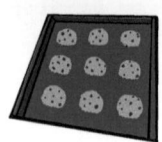

лист

ջեռոցի սկուտեղ

посуд

ամանեղեն

кухоль

բաժակ

чаша

խորը աման

палички для їжі

փայտիկներ

черпак

շերեփ

лопатка

խոհանոցային բահիկ

вінчик для збивання

հարել

сито

քամիչ

сито

մաղ

терка

քերիչ

ступка

հավանգ

барбекю

խորոված

багаття

բաց կրակի

дошка

տախտակ

качалка

գրտնակ

штопор

խցանահան

консерва

բանկա

відкривачка

բացիչ

прихватки

խոհանոցային բռնիչ

раковина

լվացարան

щітка

խոզանակ

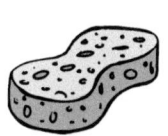

губка

սպունգ

міксер

բլենդեր

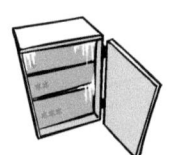

морозильна камера

սառնարան

дитяча пляшка

մանկական շիշ

кран

թակել

ванна кімната

լողասենյակ

опалення
ջեռուցում
рушник
սրբիչ
душ
ցնցուղ
душова завіса
լոգարանի վարագույր
платна ванна
փրփուրով վաննա
ванна
լոգարան
пральна машина
լվացքի մեքենա
плитка
սալիկներ
горшок
մանր
склянка
ապակի
кран
թակել
раковина
լվացարան

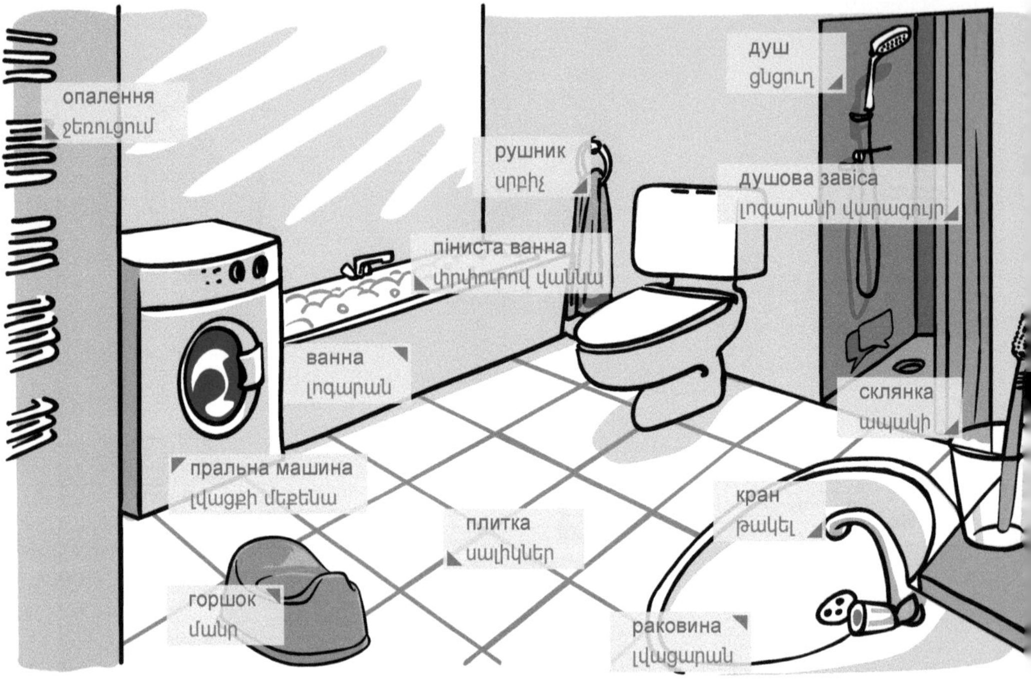

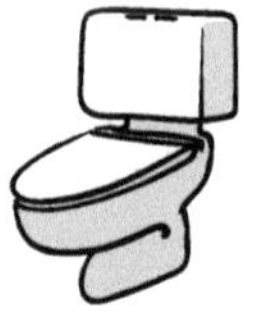

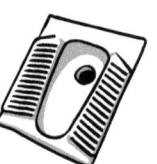

туалет

զուգարան

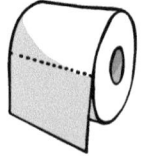

підлоговий туалет

կզելը զուգարան

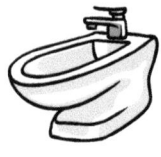

біде

բիդե

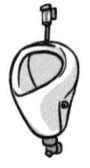

пісуар

pissoir

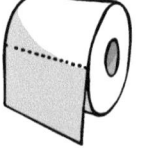

туалетний папір

զուգարանի թուղթ

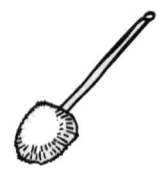

щітка для туалету

զուգարանի խոզանակ

зубна щітка

ատամի խոզանակ

зубна паста

ատամի քսուք

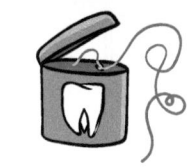

нитка для чищення зубів

ատամի թել

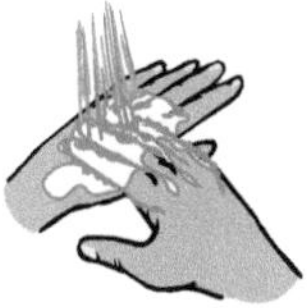

мити

լվանալ

ручний душ

ձեռքի ցնցուղ

інтимний душ

ցնցուղ

таз

ավազան

щітка для спини

մեջքի խոզանակ

мило

օճառ

гель для душу

լոգանքի գել

шампунь

Շամպուն

мочалка

ճիլոպ

водостік

հատականցք

крем

կրեմ

дезодорант

դեզոդորանտ

дзеркало

հայելի

косметичне дзеркало

ձեռքի հայելի

бритва

սափրիչ

піна для гоління

Սափրվելու փրփուր

лосьйон після гоління

սափրվելուց հետո քսվող լոսյոն

гребінь

սանր

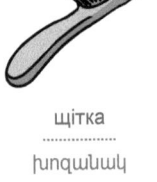

щітка

խոզանակ

фен

մազերի չորացուցիչ

лак для волосся

մազի լաք

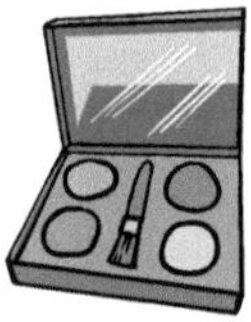

косметика

դիմահարդարում

губна помада

շրթնաներկ

лак для нігтів

եղունգների լաք

вата

բամբակ

ножиці для нігтів

եղունգների մկրատ

парфум

օծանելիք

косметичка

....

դիմահարդարման պայուսակ

табурет

....

աթոռակ

ваги

....

կշեռք

халат

....

լողանալու խալաթ

гумові рукавички

....

ռետինե ձեռնոցներ

тампон

....

տամպոն

гігієнічні прокладки

....

սանիտարական սրբիչ

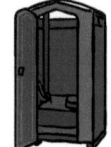

біотуалет

....

քիմիական զուգարան

дитяча кімната

մանկական սենյակ

будильник
զարթուցիչ ժամացույց
м'яка іграшка
փափուկ խաղալիք
іграшковий автомобіль
խաղալիք մեքենա
брязкальце
ляльковий будиночок
տիկնիկների տնակ
подарунок

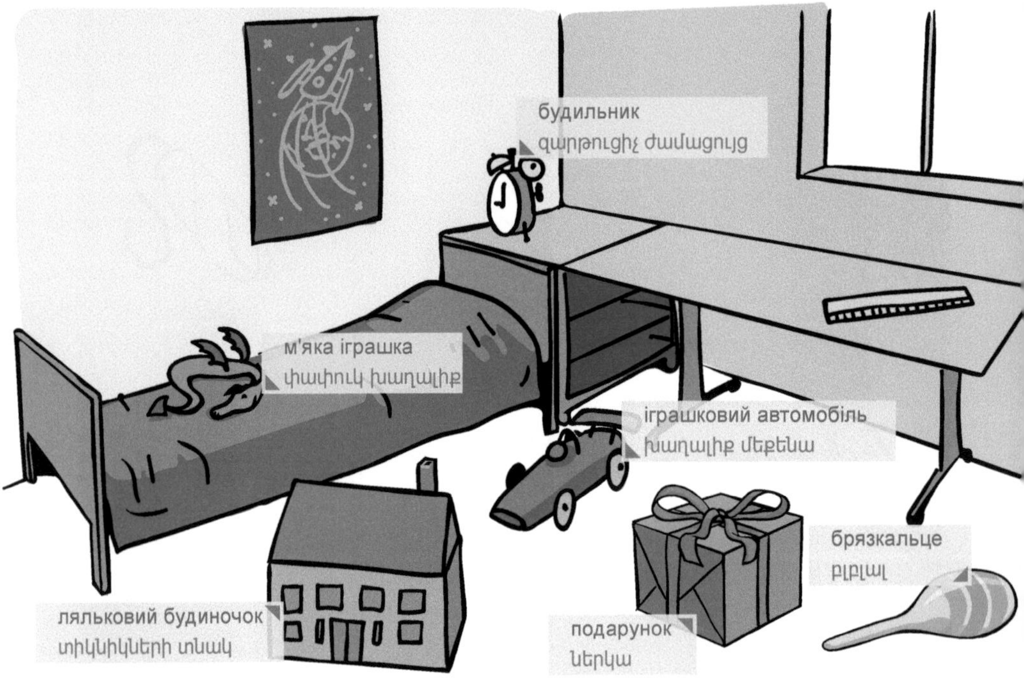

повітряна кулька

փուչիկ

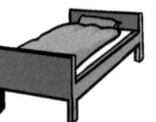

ліжко

մահճակալ

дитячий візок

մանկական սայլակ

картярська гра

խաղաթղթեր

пазл

խճապատկեր

комікс

կոմիքս

лего цеглинки

Լեգո կուբիկներ

блоки

կառուցողական խաղալիքներ

іграшкова фігурка

ակցիան գործիչ

повзунки

մանկական բոդի

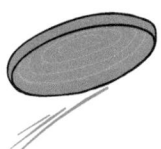

фризбі

Frisbee

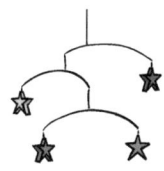

мобіле

շարժական

настільна гра

խաղատախտակ

кубик

զառախաղ

модель залізнична станція

գնացքների կազմ

соска

ծծակ

вечірка

կուսակցություն

книжка з картинками

մանկական պատկերազարդ գիրք

м'яч

գնդակ

лялька

տիկնիկ

грати

խաղալ

пісочниця

ավազե խաղահրապարակի

гойдалка

ռիթմ

іграшка

Խաղալիքներ

гральна консоль

վիդեո խաղ մխիթարել

триколісний велосипед

եռանիվ հեծանիվ

плюшевий мішка

խաղալիք արջուկ

шафа

պահարան

одяг
հագուստ

шкарпетки

կիսագուլպա

панчохи

գուլպա

колготки

զուգագուլպա

шарф
շարֆ

ремінь
գոտի

парасоля
հովանոց

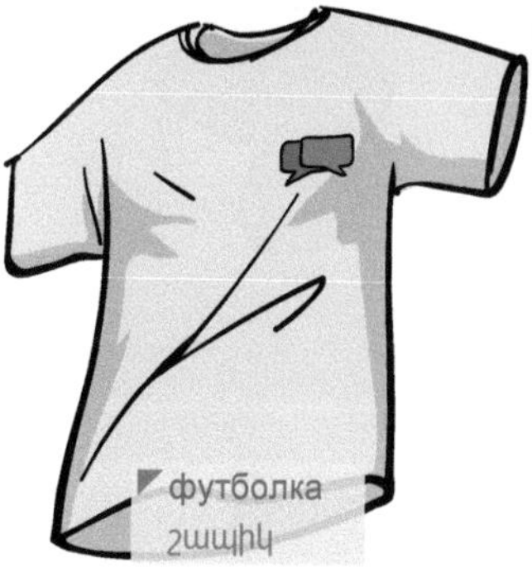

футболка
շապիկ

чоботи
կոշիկ

кросівки
սպորտային կոշիկներ

домашнє взуття
հողաթափեր

сандалі
սանդալներ

взуття
կոշիկ

гумові чоботи
ռետինե կոշիկներ

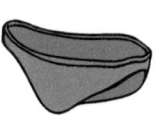

труси
վարտիք

бюстгальтер
կրծկալ

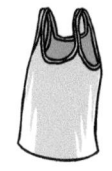

нижня сорочка
մայկա

боді

մարմին

штани

անդրավարտիք

джинси

ջինս

спідниця

կիսաշրջազգեստ

блузка

բլուզ

сорочка

վերնաշապիկ

пуловер

պուլովեր

светр

սպորտային կուրտկա

піджак

պիջակ

куртка

կուրտկա

пальто

վերարկու

дощовик

անձրևանոց

костюм

կանացի կոստյում

сукня

զգեստ

весільна сукня

հարսանյաց զգեստ

костюм

տղամարդու կոստյում

нічна сорочка

գիշերանոց

піжама

պիժամա

сарі

Սարի

головна хустка

գլխաշորն

чалма

չալմա

бурка

չադրա

кафтан

արևելյան խալաթ

абая

հաստ վերարկու

купальник

կանացի լողազգեստ

плавки

տղամարդու լողազգեստ

шорти

շորտ

тренувальний костюм

սպորտային համազգեստ

фартух

գոգնոց

рукавички

ձեռնոցներ

гудзик

կոճակ

окуляри

ակնոց

браслет

ապարանջան

ланцюг

վզնոց

кільце

մատանի

сережка

ականջօղ

шапка

գլխարկ

плічка

կախիչ

капелюх

գլխարկ

краватка

փողկապ

застібка-блискавка

շղթա

шолом

սաղավարտ

підтяжки

տաբատակալ

шкільна форма

դպրոցական համազգեստ

уніформа

համազգեստ

нагрудник

մանկական գոգնոց

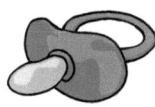

соска

ծծակ

підгузок

մանկական տակդիր

офіс

գրասենյակ

сервер
սերվեր
шаф для документів
գրասենյակային պահարան
папір
թուղթ
принтер
տպիչ
монітор
մոնիտոր
письмовий стіл
գրասեղան
миша
մկնիկ
папка
թղթապանակ
синтезатор
ստեղնաշար
кошик для паперу
աղբարկղ
комп'ютер
համակարգիչ
стілець
աթոռ

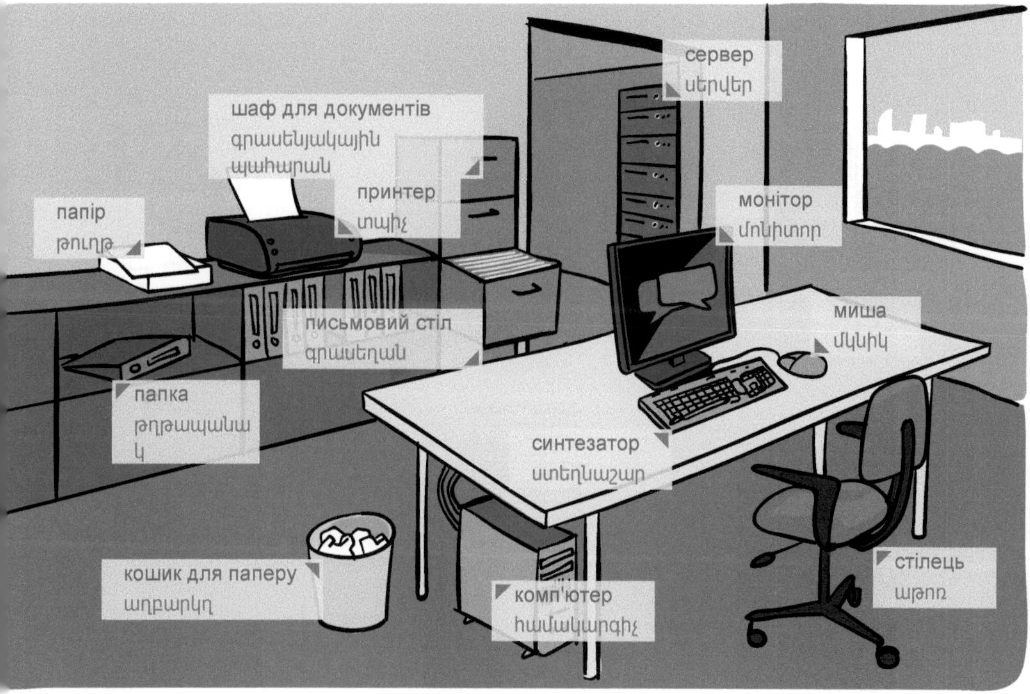

кавовий кухоль

սուրճի գավաթ

калькулятор

հաշվիչ

інтернет

ինտերնետ

офіс - գրասենյակ 49

ноутбук

laptop

лист

նամակ

повідомлення

հաղորդագրություն

мобільний телефон

բջջային հեռախոս

мережа

ցանց

копіювальний пристрій

պատճենահանման սարք

програмне забезпечення

ծրագրային ապահովում

телефон

հեռախոս

розетка

վարդակ

факс

ֆաքսի մեքենա

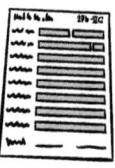

бланк

տեսակ

документ

փաստաթուղթ

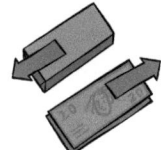

купувати

գնել

платити

վճարել

торгувати

առևտրի

гроші

փող

долар

դոլար

євро

եվրո

ієна

իեն

рубль

ռուբլի

франк

շվեյցարական ֆրանկ

юанів женьміньбі

յուան

рупія

ռուպի

банкомат

բանկոմատ

обмінний пункт

փոխանակման կետ

золото

ոսկի

срібло

արծաթ

нафта

նավթ

енергія

էներգիա

ціна

գին

контракт

պայմանագիր

податок

հարկ

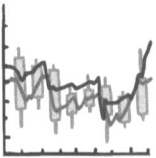

акція

ակցիաներ

працювати

աշխատանք

працівник

ծառայող

роботодавець

գործատուն

фабрика

գործարան

магазин

խանութ

професії
մասնագիտություն

поліцейський
ոստիկան
пожежник
հրշեջ
повар
խոհարար
лікар
բժիշկ
пілот
օդաչու

садівник

այգեպան

столяр

ատաղձագործ

швачка

դերձակուհի

суддя

դատավոր

хімік

քիմիկոս

актор

դերասան

водій автобуса

ավտոբուսի վարորդ

таксист

տաքսու վարորդ

рибалка

ձկնորս

прибиральниця

հավաքարար

покрівельник

տանիքագործ

офіціант

մատուցող

мисливець

որսորդ

художник

նկարիչ

пекар

հացթուխ

електрик

էլեկտրատեխնիկ

будівельник

շինարար

інженер

ինժեներ

забійник

մսագործ

бляхар

ջրմուղագործ

листоноша

փոստարար

солдат

զինվոր

архітектор

ճարտարապետ

касир

գանձապահ

флорист

ծաղկավաճառ

перукар

վարսավիր

кондуктор

տոմսավաճառ

механік

մեխանիկ

капітан

կապիտան

дантист

ատամնաբույժ

вчений

գիտնական

рабин

ռաբբի

імам

Իմամ

монах

կուսակրոն

пастор

հոգեւորական

інструменти

գործիքներ

щипці
տափակաբերան
աքցան
молоток
մուրճ
викрутка
պտուտակահա
ն
кишеньковий л
լապտեր
гайковий ключ
դարձակ

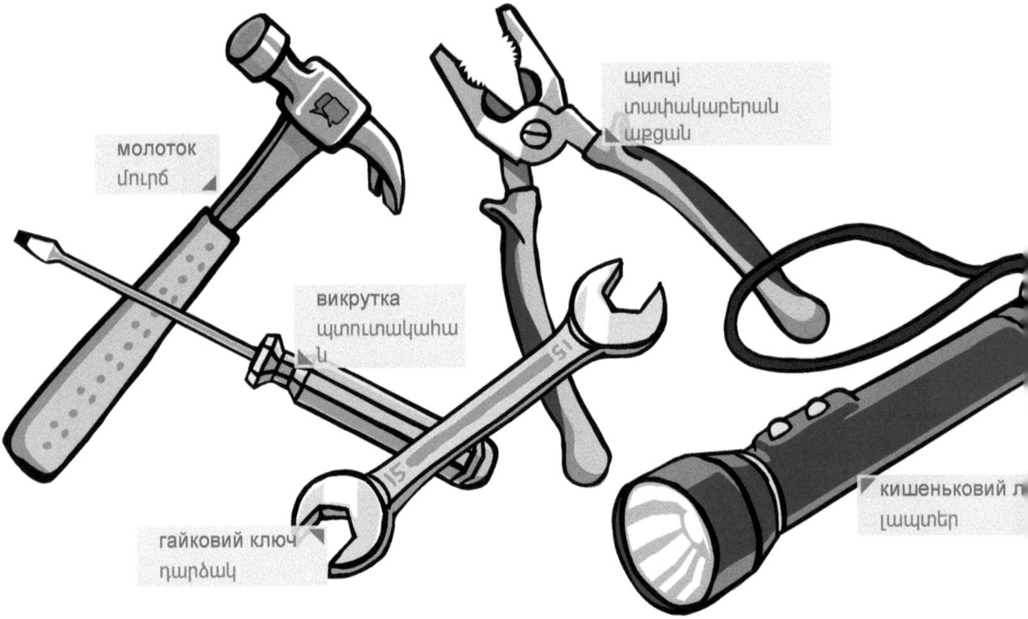

екскаватор

էքսկավատոր

ящик для інструментів

գործիքների տուփ

драбина

սանդուղք

пилка

սղոց

цвяхи

մեխեր

свердло

գայլիկոն

ремонтувати

նորոգում

лопата

բահ

лайно!

գրողը տանի

совок

գոգաթիակ

відро з фарбою

ներկաման

гвинти

պտուտակներ

музичні інструменти
երաժշտական գործիքներ

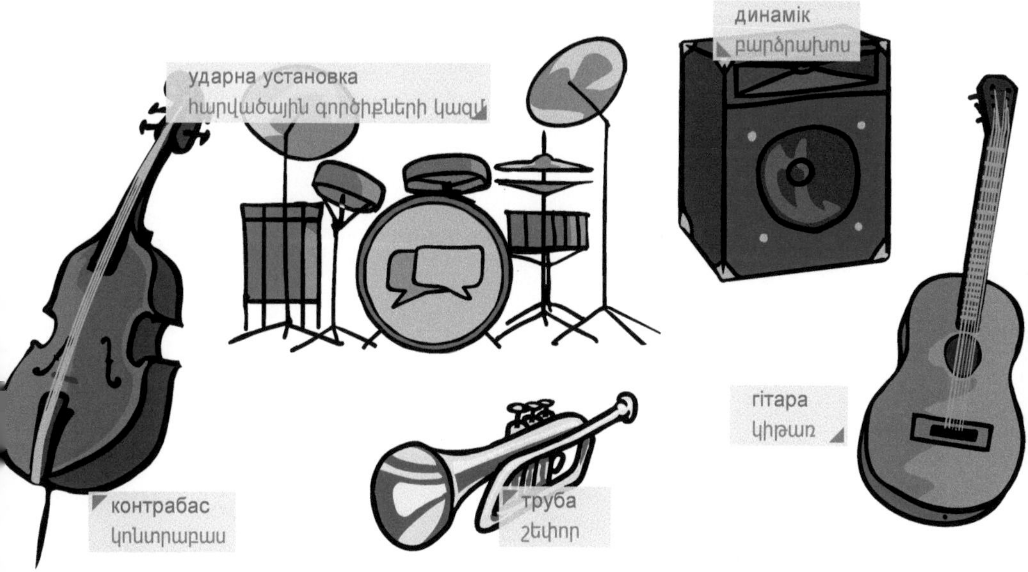

динамік
բարձրախոս
ударна установка
հարվածային գործիքների կազմ
гітара
կիթառ
контрабас
կոնտրաբաս
труба
շեփոր

фортепіано

դաշնամուր

скрипка

ջութակ

бас

բաս

литаври

թմբուկներ

барабан

հարվածային գործիքներ

клавіатура

ստեղնաշար

саксофон

սաքսոֆոն

флейта

ֆլեյտա

мікрофон

միկրոֆոն

музичні інструменти - երաժշտական գործիքներ

зоопарк

կենդանաբանական այգի

тигр
վագր
клітка
վանդակ
зебра
զեբր
корм
կենդանիների կերակուր
вхід
մուտք
панда
պանդա

тварини

կենդանիներ

слон

փիղ

кенгуру

կենգուրու

носоріг

ռնգեղջյուր

горила

գորիլա

ведмідь

գորշ արջ

верблюд

ուղտ

страус

ջայլամ

лев

առյուծ

мавпа

կապիկ

фламінго

Ֆլամինգո

папуга

թութակ

білий ведмідь

բևեռային արջ

пінгвін

պինգվին

акула

շնաձուկ

павич

սիրամարգ

змія

օձ

крокодил

կոկորդիլոս

працівник зоопарку

կենդանաբանական այգու
աշխատող

тюлень

փոկ

ягуар

յագուար

поні

պոնի

леопард

ընձառյուծ

гіпопотам

գետաձի

жираф

ընձուղտ

орел

արծիվ

кабан

վարազ

риба

ձուկ

черепаха

կրիա

морж

ծովացուլ

лисиця

աղվես

газель

վիթ

спорт
սպորտներ

американський футбол
ամերիկյան ֆուտբոլ
їзда на велосипеді
հեծանվավազք
теніс
թենիս
баскетбол
բասկետբոլ
плавання
լող
бокс
բռնցքամարտ
хокей
հոկեյ

футбол

ֆուտբոլ

бадмінтон

բադմինտոն

легка атлетика

աթլետիկա

гандбол

ձեռքի գնդակ

лижні перегони

դահուկային սպորտ

поло

պոլո

стрибати
ցատկել
обіймати
գրկել
сміятися
ծիծաղել
йти
քայլել
співати
երգել
мріяти
երազել
молитися
աղոթել
цілувати
համբուրել

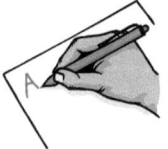

писати

գրել

малювати

նկարել

показувати

ցույց տալ

тиснути

հրել

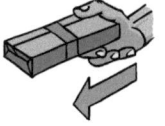

давати

տալ

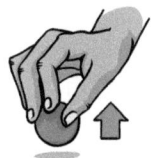

брати

վերցնել

мати

ունենալ

робити

դեպի

бути

լինել

стояти

կանգնել

бігати

վազել

тягнути

քաշել

кидати

նետել

падати

ընկնել

лежати

ստել

очікувати

սպասել

носити

կրել

сидіти

նստել

одягати

հագնվել

спати

քնել

просипатися

արթնանալ

дивитися

նայել

плакати

լացել

гладити

շոյել

розчісувати

սանրվել

розмовляти

խոսել

розуміти

հասկանալ

питати

հարցնել

слухати

լսել

пити

խմել

їсти

ուտել

прибирати

հարդարվել

любити

սիրել

варити

խոհարար

їхати

քշել

літати

թռչել

йти під вітрилом

լողալ

рахувати

հաշվել

читати

կարդալ

вчитися

սովորել

працювати

աշխատանք

одружуватися

ամուսնանալ

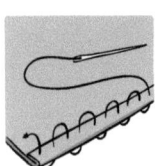

шити

կարել

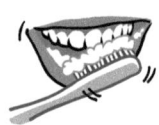

чистити зуби

ատամները լվանալ

убивати

սպանել

курити

ծուխ

посилати

ուղարկել

бабуся
տատիկ

дідуся
պապիկ

батько
հայր

мати
մայր

немовля
երեխա

донька
դուստր

син
որդի

гість

հյուր

тітка

հորաքույր

дядько

հորեղբայր

брат

եղբայր

сестра

քույր

тіло

մարմին

чоло
ճակատ
око
աչք
плече
ուս
палець
մատ
обличчя
դեմք
підборіддя
կզակ
кисть
ձեռք
груди
կուրծք
нога
ոտք
рука
թև

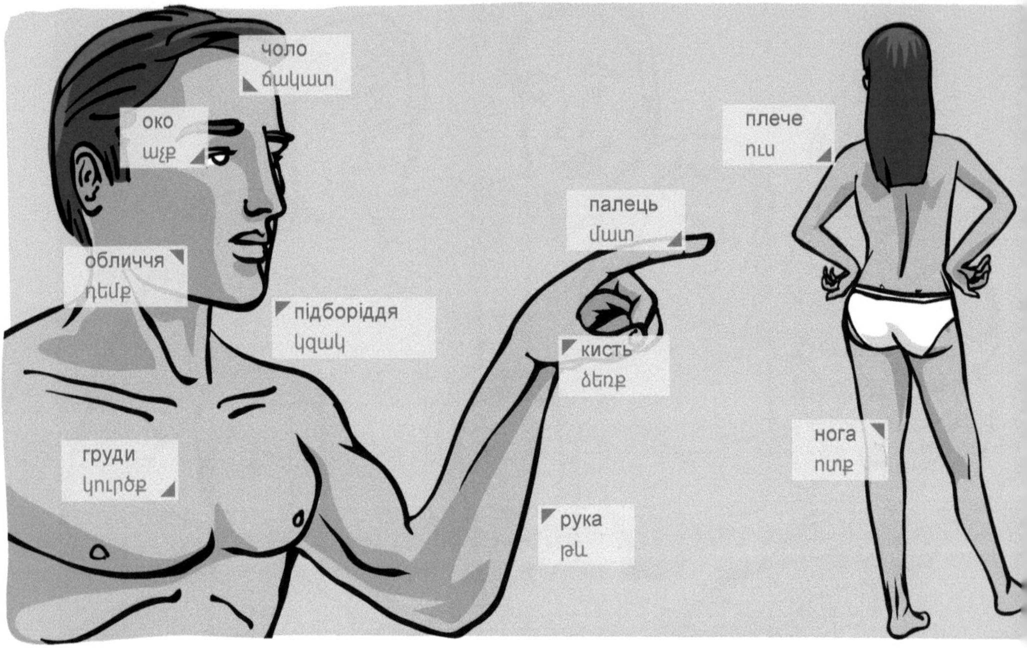

немовля

երեխա

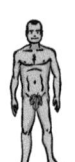

чоловік

մարդ

жінка

կին

дівчина

աղջիկ

хлопчик

տղա

голова

գլուխ

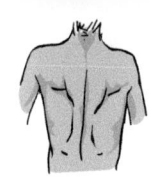

спина

մեջք

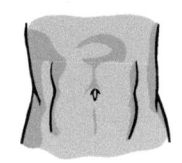

живіт

փոր

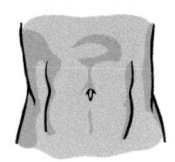

пуп

պորտ

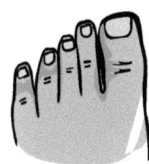

палець ноги

ոտնամատ

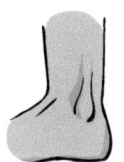

п’ята

կրունկ

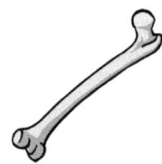

кістка

ոսկոր

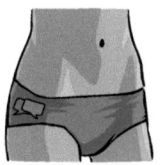

стегно

ազդր

коліно

ծունկ

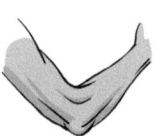

лікоть

արմունկ

ніс

քիթ

сідниці

հետույք

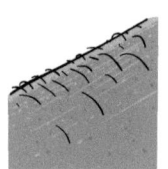

шкіра

մաշկ

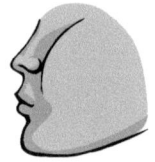

щока

այտ

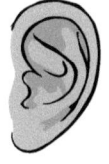

вухо

ականջ

губа

շրթունք

рот

բերան

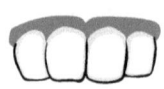

зуб

ատամ

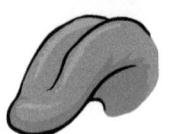

язик

լեզու

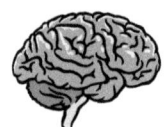

мозок

ուղեղ

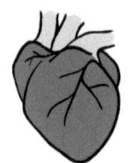

серце

սիրտ

м'яз

մկան

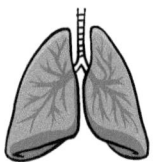

легені

թոք

печінка

լյարդ

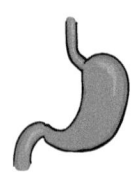

шлунок

ստամոքս

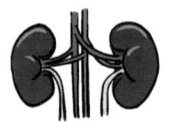

нирки

երիկամներ

статевий акт

սեքս

презерватив

պահպանակներ

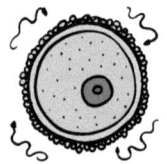

яйцеклітина

ձվաբջիջը

сперма

Սեմյոն

вагітність

հղիություն

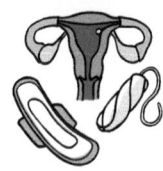

менструація

դաշտան

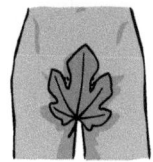

вагіна

հեշտոց

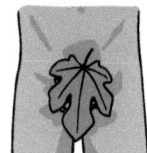

пеніс

առնանդամ

брова

հոնք

волосся

մազ

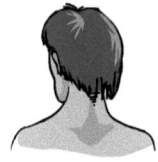

шия

պարանոց

лікарня

հիվանդանոց

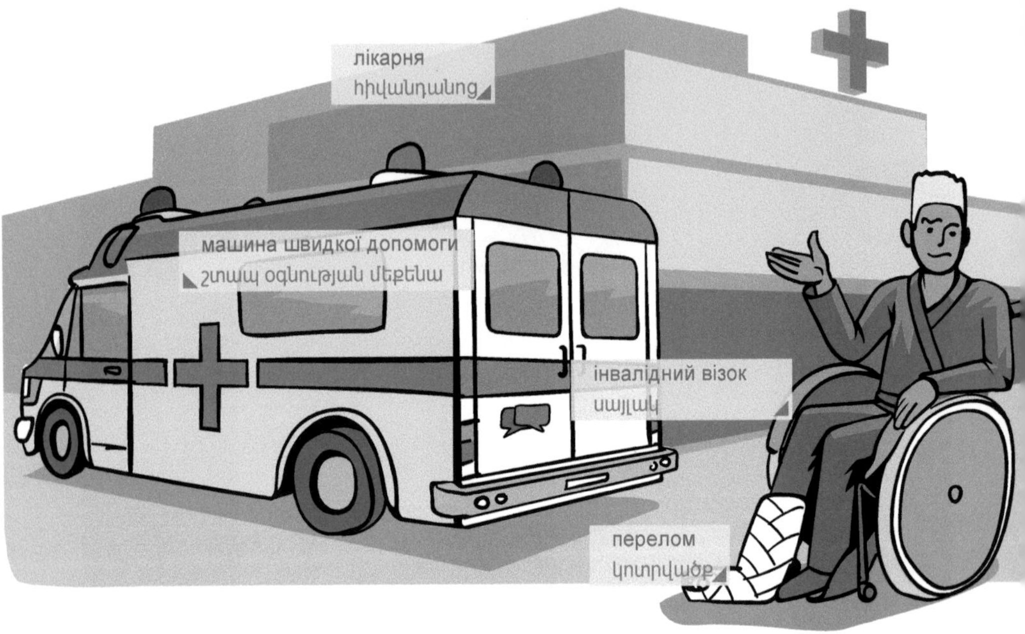

лікарня
հիվանդանոց
машина швидкої допомоги
շտապ օգնության մեքենա
інвалідний візок
սայլակ
перелом
կոտրվածք

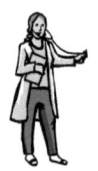

лікар

բժիշկ

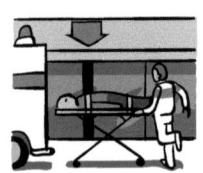

відділення швидкої медичної допомоги

շտապ օգնության սենյակ

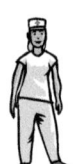

медсестра

բուժքույր

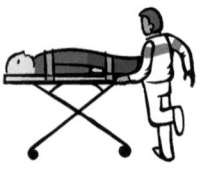

аварійний випадок

շտապ օգնություն

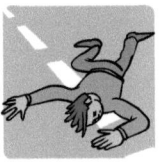

непритомний

անգիտակից

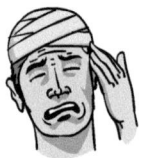

біль

ցավ

травма

վնասվածք

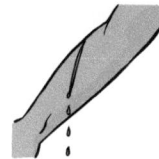

кровотеча

արյունահոսություն

інфаркт

սրտի կաթված

інсульт

կաթված

алергія

ալերգիա

кашель

հազ

лихоманка

տենդ

грип

գրիպ

пронос

փորլուծություն

головна біль

գլխացավ

рак

քաղցկեղ

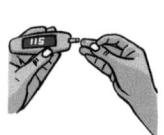

діабет

դիաբետ

хірург

վիրաբույժ

скальпель

վիրադանակ

операція

վիրահատություն

КТ

СТ

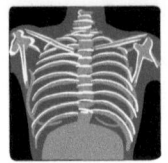

рентген

ռենտգեն

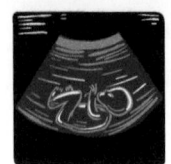

ультразвук

ուլտրաձայնային

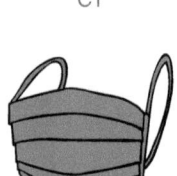

маска

դեմքի դիմակ

хвороба

հիվանդություն

зал очікування

սպասասրահ

милиця

հենակ

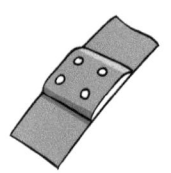

пластир

սպեղանի

пов’язка

վիրակապ

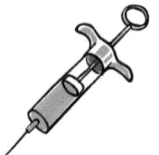

ін'єкція

ներարկում

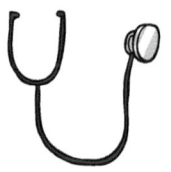

стетоскоп

լսափողակ

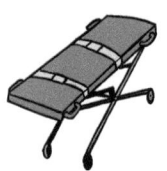

ноші

պատգարակ

термометр

ջերմաչափ

народження

ծնունդ

надмірна вага

ավելաքաշ

слуховий апарат

լսելով օգնության

дезінфікуючий засіб

ախտահանիչ

інфекція

վարակ

вірус

վիրուս

ВІЛ / СНІД

ՄԻԱՎ / ՁԻԱՀ

медицина

դեղորայք

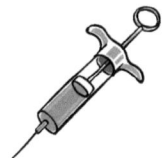

вакцинація

պատվաստում

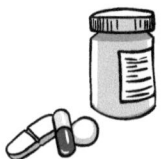

таблетки

հաբեր

протизаплідна пігулка

հաբ

екстрений виклик

ահազանգ

тонометр

արյան ճնշման չափիչ սարք

хворий / здоровий

հիվանդ / առողջ

аварійний випадок

Շտապ օգնություն

Допоможіть!

Օգնություն!

сигнал тривоги

տագնապի ազդանշան

напад

հարձակում

атака

հարձակում

небезпека

վտանգ

аварійний вихід

վթարային ելք

Вогонь!

Հրդեհ

вогнегасник

կրակմարիչ

аварія

վթար

аптечка

առաջին օգնության դեղարկղ

СОС

SOS

поліція

ոստիկանություն

Земля

երկիր

Європа

Եվրոպա

Північна Америка

Հյուսիսային Ամերիկա

Південна Америка

Հարավային Ամերիկա

Африка

Աֆրիկա

Азія

Ասիա

Австралія

Ավստրալիա

Атлантика

Ատլանտյան օվկիանոս

Тихий океан

Խաղաղ օվկիանոս

Індійський океан

Հնդկական օվկիանոս

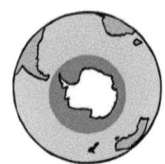

Антарктичний океан

Հարավային Սառուցյալ օվկիանոս

Північний Льодовитий океан

Հյուսիսային Սառուցյալ օվկիանոս

Північний полюс

հյուսիսային բևեռ

Південний полюс

հարավային բևեռ

Антарктика

Անտարկտիդա

Земля

երկիր

суша

ցամաք

море

ծով

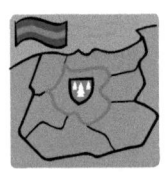

острів

կղզի

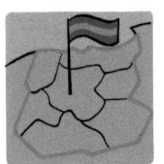

нація

ազգ

держава

պետական

годинник
ժամացույց

циферблат

թվատախտակ

годинникова стрілка

ժամի սլաք

хвилинна стрілка

րոպեի սլաք

секундна стрілка

վայրկյանի սլաք

Котра година?

Ժամը քանիսն է?

день

օր

час

այսպիսով

зараз

այժմ

цифровий годинник

թվային ժամացույց

хвилина

րոպե

година

ժամ

тиждень

շաբաթ

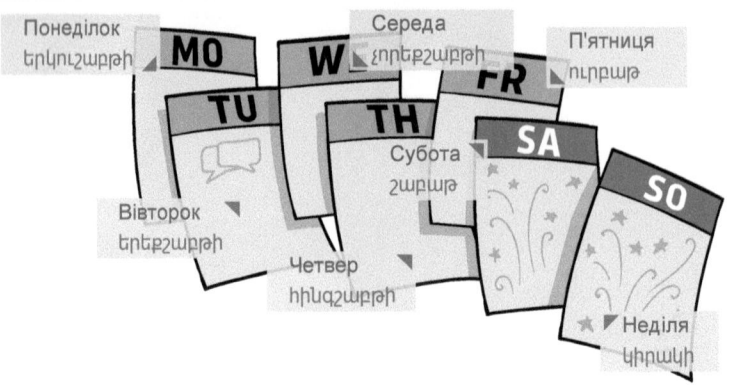

Понеділок
երկուշաբթի
Середа
չորեքշաբթի
П'ятниця
ուրբաթ
Субота
շաբաթ
Вівторок
երեքշաբթի
Четвер
հինգշաբթի
Неділя
կիրակի

вчора

այսօր

сьогодні

այսօր

завтра

վաղը

ранок

առավոտ

опівдні

կեսօր

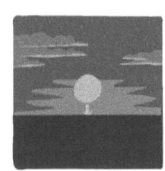

вечір

երեկո

робочі дні

աշխատանքային օրեր

кінець робочого тижня

շաբաթվա վերջ

дощ
անձրև
веселка
ծիածան
вітер
քամի
сніг
ձյուն
весна
գարուն
літо
ամառ
осінь
աշուն
зима
ձմեռ

4.APRIL 11°
5.APRIL 4°
6.APRIL 13°
7.APRIL 8°
8.APRIL 10°

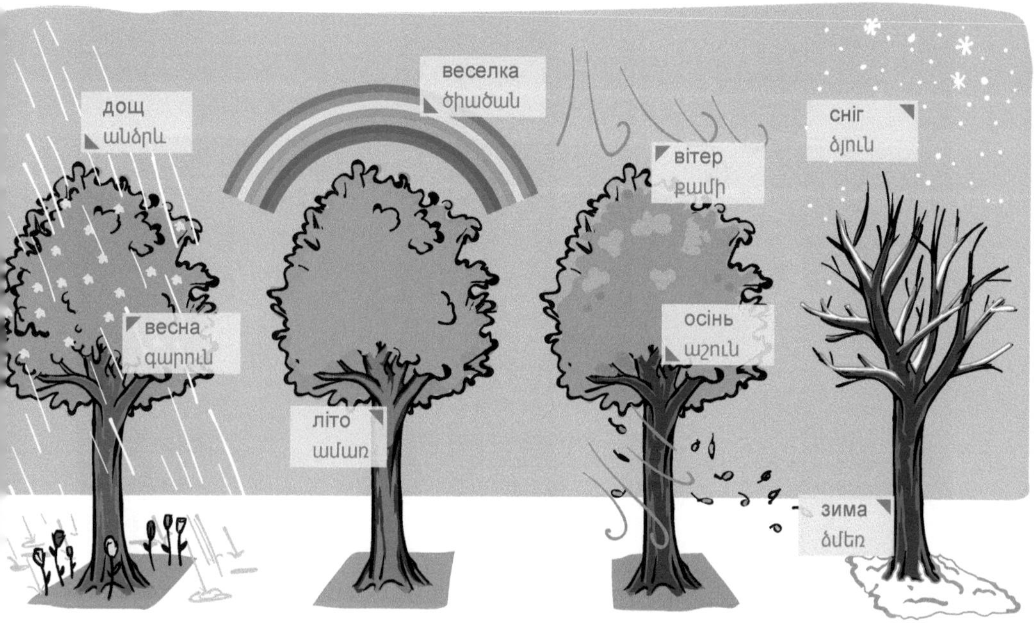

прогноз погоди

եղանակի տեսություն

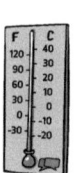

термометр

ջերմաչափ

сонячне світло

արևի լույս

хмара

ամպ

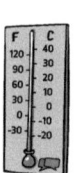

туман

մառախուղ

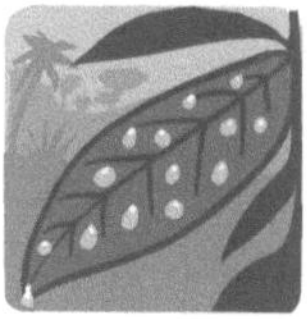

вологість повітря

խոնավություն

блискавка

կայծակ

грім

որոտ

шторм

փոթորիկ

град

կարկուտ

мусон

մուսոն

повінь

ջրհեղեղ

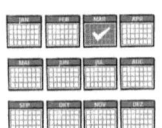

лід

սառույց

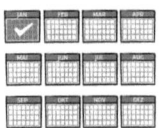

Січень

հունվար

Лютий

փետրվար

Березень

մարտ

Квітень

ապրիլ

Травень

մայիս

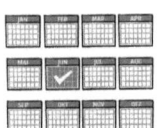

Червень

հունիս

Липень

հուլիս

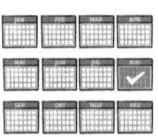

Серпень

օգոստոս

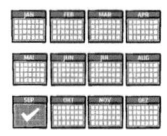

Вересень

սեպտեմբեր

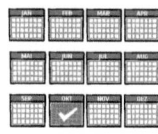

Жовтень

հոկտեմբեր

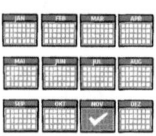

Листопад

նոյեմբեր

Грудень

դեկտեմբեր

форми

ձևավորում

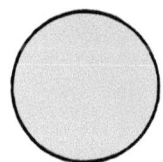

круг

շրջան

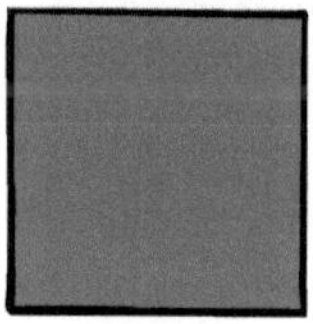

квадрат

քառակուսի

прямокутник

ուղղանկյունի

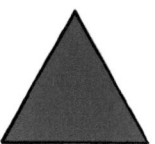

трикутник

եռանկյունի

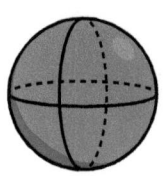

куля

ասպարեզ

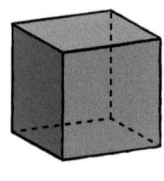

куб

խորանարդ

фарби

գույներ

білий

վարդագույն

жовтий

մոխրագույն

помаранчевий

դեղին

рожевий

մանուշակագույն

червоний

կարմիր

фіолетовий

շագանակագույն

синій

կապույտ

зелений

սև

коричневий

նարնջագույն

сірий

սպիտակ

чорний

կանաչ

протилежності

հակադիրներ

багато / мало

շատ / քիչ

лютий / мирний

բարկացած / հանգիստ

гарний / бридкий

գեղեցիկ / տգեղ

початок / кінець

սկսած / վերջը

великий / малий

մեծ / փոքր

світлий / темний

պայծառ / մութ

брат / сестра

եղբայրը / քույրը

чистий / брудний

մաքուր / կեղտոտ

завершений / незавершений

ամբողջական / թերի

день / ніч

օր / գիշեր

мертвий / живий

մեռած / կենդանի

широкий / вузький

լայն / նեղ

їстівний / неїстівний

ուտելի / անուտելի

злий / дружній

չար / բարի

збуджений / нудьгуючий

հուզված / ձանձրացրել

товстий / тонкий

հաստ / բարակ

спочатку / востаннє

առաջին / վերջին

друг / ворог

ընկերը / թշնամին

повний / порожній

լիքը / դատարկ

жорсткий / м'який

կոշտ / փափուկ

важкий / легкий

ծանր / թեթև

голод / спрага

քաղց / ծարավ

хворий / здоровий

հիվանդ / առողջ

незаконний / законний

անօրինական է / իրավաբանական

розумний / дурний

խելացի / հիմարություն

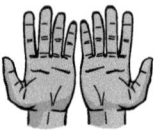

вліво / вправо

ձախ / աջ

поруч / далеко

մոտիկ / հեռու

новий / використаний

Նոր / օգտագործվում

нічого / щось

ոչինչ / ինչ - որ բան

старий / молодий

ծեր / երիտասարդ

вкл / викл

միացում անջատում

відкрито / закрито

բաց / փակ

тихо / гучно

ցածր / բարձր

багатий / бідний

հարուստ / աղքատ

правильно / неправильно

ճիշտ / սխալ

шорсткий / гладкий

անհարթ / հարթ

сумний / щасливий

տխուր / ուրախ

короткий / довгий

կարճ / երկար

повільно / швидко

դանդաղ / արագ

вологий / сухий

թաց / չոր

гарячий / холодний

տաք / թույն

війна / мир

պատերազմ / խաղաղությունը

протилежності - հակադիրներ 87

числа

թվեր

0

нуль

զրո

1

один

մեկ

2

два

երկու

3

три

երեք

4

чотири

չորս

5

п'ять

հինգ

6

шість

վեց

7

сім

յոթ

8

вісім

ութ

9

дев'ять

ինը

10

десять

տաս

11

одинадцять

տասնմեկ

12

дванадцять

տասներկու

13

тринадцять

տասներեք

14

чотирнадцять

տասնչորս

15

п'ятнадцять

տասնհինգ

16

шістнадцять

տասնվեց

17

сімнадцять

տասնյոթ

18

вісімнадцять

տասնութ

19

дев'ятнадцять

տասնինը

20

двадцять

քսան

100

сто

հարյուր

1.000

тисяча

հազար

1.000.000

мільйон

միլիոն

МОВИ
լեզուներ

англійська

անգլերեն

американська англійська

ամերիկյան անգլերեն

китайська високочиновницька

չինարեն մանդարին

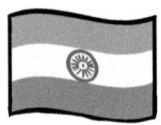

хінді

հինդի

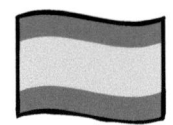

іспанська

իսպաներեն

французька

ֆրանսերեն

арабська

արաբերեն

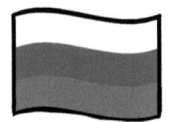

російська

ռուսերեն

португальська

պորտուգալերեն

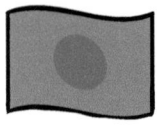

бенгальська

բենգալերեն

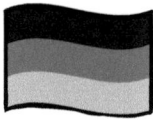

німецька

գերմաներեն

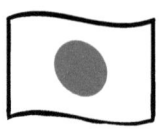

японська

ճապոներեն

хто / що / як

Ով է /, թե ինչ է /, ինչպես

я

ես

ти

դուք

він / вона / воно

Նա / նա /, որ դա

ми

մենք

ви

դուք

вони

նրանք

хто?

Ով է?

що?

ինչ?

як?

ինչպես?

де?

որտեղ.

коли?

երբ?

ім'я

անուն

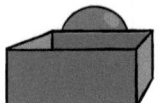

де

որտեղ

ззаду

ետևում

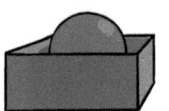

в

մեջ

перед

դիմաց

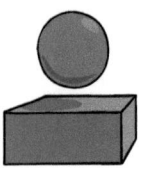

над

վրա

на

վրա

під

տակ

біля

կողքին

між

միջեւ

місце

տեղ